AF253570

DE LA LIBERTÉ

VRAIE ET CIVILISATRICE

Aux ouvriers de la Sainte Famille de Grenelle,
de Saint François-Xavier et du Cercle
Catholique de Passy.

A^{te} DUPONT,

ANCIEN PROFESSEUR DE RHÉTORIQUE,

MEMBRE DU CERCLE PRÉCITÉ.

PARIS.

IMPRIMERIE ALPHONSE AUBRY,

Rue Gerbert, 10, Vaugirard.

—

1874

Ce discours est le 5ᵉ de ceux que j'ai eu l'honneur d'adresser, à Saint Jean-Baptiste de Grenelle, aux ouvriers de la Sainte Famille. Répété à Notre-Dame-de-Grâce et au Cercle Catholique de Passy, je le fais imprimer, parce que plusieurs personnes me l'ont demandé. En temps de république, rien de plus opportun que les préceptes qu'il renferme ! Je les ai puisés à l'une de nos meilleures sources.

Passy, 20 Avril 1874.

Aᵗᵉ DUPONT.

DE LA LIBERTÉ VRAIE ET CIVILISATRICE

Messieurs,

Dans ma conférence du 17 Septembre 1871, je vous ai parlé de l'*Internationale*, je vous ai dit quels en étaient le *but*, le *caractère*, les *principes* et les *tendances*. Toutes les doctrines de cette association se résument en cette parole infernale : *ascendam et non serviam*, je m'élèverai et ne servirai pas! Je m'élèverai au-dessus de Dieu et de son Christ, et je ne les servirai pas et de plus je les abolirai! Je m'élèverai au-dessus des lois de la religion et de la morale, et ne m'y soumettrai pas et les abolirai aussi! J'abolirai de même l'âme humaine et l'autre vie dont la dignité et les châtiments me gênent, la famille dont les charges me pèsent, la propriété dont les droits m'ennuient, enfin tout ce qui peut porter la moindre entrave à ma liberté! Je veux être libre de tout, à tout point de vue et d'une manière absolue (1) !

Si ces idées, Messieurs, n'appartenaient qu'à l'*Internationale*, comme aucun de vous n'en fait partie, je l'espère, je me contenterais d'en signaler la monstruosité pour vous en éloigner. Malheureusement, il y a, en dehors de cette association, des milliers d'hommes, à l'esprit et au cœur égarés, qui partagent plus ou moins ces idées. Comme donc l'influence de ces hommes pourrait s'étendre jusqu'à vous, je me propose, aujourd'hui, de vous prémunir

---

(1) Publications d'Oscar Testut sur l'*Internationale*.

contre leur liberté fausse et subversive, en vous montrant ce qu'est la liberté vraie et civilisatrice. Veuillez, je vous prie, accorder à mes efforts pour vous être utile, un moment d'attention.

Il y a une différence radicale, depuis longtemps constatée, entre la sagesse des législateurs païens et les enseignements que reçoivent trop souvent les peuples modernes. Les législateurs païens, en hommes de bon sens, disaient aux peuples : Soyez vertueux, c'est-à-dire accomplissez tous vos devoirs envers les dieux, la patrie, vos semblables et vous-mêmes, et vous serez libres ! Nos révolutionnaires modernes, en insensés qu'ils sont, leur ont dit : Soyez libres, c'est-à-dire abolissez Dieu, la patrie, la famille, enfin toute espèce de devoirs, et vous serez vertueux ! Paroles pleines de vide et de mensonge amer, qui peuvent être spécieuses, mais sont en réalité grosses de chimères et de pièges ; qui portent avec elles une ombre de liberté, mais préparent des chutes dans un abîme sans fond !

La liberté vraie, Messieurs, c'est la vertu, et, afin que personne ne m'accuse de tenir le langage d'un clérical, écoutez la sagesse des païens, et qu'elle serve à donner des leçons à ceux qui auraient fermé leurs oreilles aux enseignements du Christianisme : « Que celui qui veut être libre, dit le païen *Cicéron*, réprime d'abord ses passions, qu'il méprise la volupté, retienne la colère, mette un frein à son avarice, ferme les autres plaies de son âme, et qu'il ne commence à commander aux autres, que lorsqu'il aura cessé lui-même d'obéir à ses abominables maîtres ; car il n'y a que le sage qui soit libre… La servitude, c'est l'obéissance d'une âme vile et abjecte, et par conséquent, tous ceux qui se laissent conduire par leurs passions, tous les méchants, en un mot, sont des esclaves (2). »

« Sans la sagesse, dit un autre païen, *Sénèque*, la vie

____

(2) Paradoxes des Stoïciens.

est ignoble, abjecte, sordide, servile, soumise à une multitude de passions, et de passions impitoyables, qui l'oppriment parfois tour à tour, parfois toutes ensemble ; la sagesse s'en affranchit, car elle seule est la vraie liberté. »
« Il n'y a qu'une chose vraiment libérale, c'est ce qui fait l'homme libre, c'est la sagesse, science sublime, généreuse, magnanime : le reste n'est que petitesse et puérilité (3). »

Voilà, Messieurs, la morale des païens : n'est-elle pas capable de faire rougir tous les séducteurs du peuple, *internationaux* et autres, qui se couvrent du manteau de la liberté, pour le conduire à d'affreux malheurs? Nul ne pourra dire que c'est la doctrine de la Rome des Papes ! C'est la doctrine de Rome païenne, et elle va peut-être servir à venger l'autre. Pauvre France, nation folle, comme les étrangers t'appellent, tu crois être l'une des plus libres du monde, et je compte par millions, dans ton sein, les esclaves de la volupté, les esclaves de l'ambition et de la cupidité, les esclaves de la haine et de cent autres passions qu'il serait trop long d'énumérer ! Pauvre France, tu te crois libre et tu oublies que, *dans tout cœur malade,* et dans le tien comme dans celui des autres, *il ne peut pousser que des tyrans !* C'est *Perse* qui le dit, un païen encore... (4).

Dieu nous a envoyé le châtiment le plus terrible qui puisse être infligé à un peuple. Dites-moi si la prostitution a cessé de s'étaler ; si les théâtres, grands et petits, sont devenus plus moraux ; si les mauvais lieux de toutes sortes sont moins nombreux ; si la presse est moins corruptrice ; si toutes les autres sortes de voluptés ont cessé de régner !

Le désir de dominer, de s'élever toujours, le besoin de n'être jamais satisfait, parce qu'il y a au-dessus ou autour de nous des supérieurs ou des égaux, n'est-ce pas le cancer

____

(3) Epit. 37 et 88.
(4) Sat. V, 130-131.

qui nous ronge? Cette maladie n'a-t-elle pas envahi toutes les classes de la société, n'a-t-elle pas pénétré partout? Chacun ne veut-il pas arriver à un degré supérieur, et la fièvre de l'ascension n'est-elle pas aussi violente dans les classes inférieures que dans les régions élevées? N'est-elle pas aussi violente sous le règne de la république que sous ceux que l'on a tant appelés aristocratiques? Et pour satisfaire cette fièvre, ainsi que celle de la volupté, ne faut-il pas se livrer, corps et âme, à la cupidité? Et la cupidité n'enfante-t-elle pas l'improbité, l'improbité dans l'industrie et le commerce, l'improbité dans les affaires, l'improbité en tout et partout? Et sous cette attache déréglée aux biens de la terre, l'âme humaine ne se matérialise-t-elle pas, ne s'atrophie-t-elle pas? ne finit-elle pas, comme la matière, par ne plus connaître l'élévation des sentiments, la générosité du cœur?

Nous sommes en république, mais je cherche les vertus républicaines. Nous sommes en république, mais je cherche les vrais républicains, les républicains comme les Regulus, les Fabius, les Cincinnatus de l'ancienne Rome, c'est-à-dire des hommes pauvres, austères dans leur probité, vertueux, amis de la pauvreté et retournant à leur charrue, [après avoir été les chefs de leur pays. Je les cherche, et j'avoue que je n'en trouve guère; ils apparaissent comme de rares poissons dans la mer révolutionnaire. La simplicité de mœurs, le désintéressement, la probité de l'ancienne république romaine sont considérés, au moins en pratique, comme des niaiseries et des plaisanteries faites pour amuser les simples. Et souvent, ce sont surtout ces parleurs sempiternels de patriotisme pur, de dévouement désintéressé à la cause du peuple, qui seraient cruellement déçus, si on les prenait au mot; car souvent ils n'ont qu'une pensée, monter plus haut, être quelque chose; et les grands mots qu'ils répètent si souvent, sont tout simplement de la fausse monnaie à l'usage des dupes. Comme les autres, ce sont des esclaves de l'ambition, bien heureux s'ils ne sont pas en même temps des esclaves de la cupidité, de la volupté et de la haine !

La haine, vous savez ce qu'elle a produit chez nous depuis moins d'un siècle, surtout en 93 et en 71. Vous connaissez les massacres de Septembre 92, simple prélude cependant des horreurs de 93, des mitraillades de Toulon, des noyades de Nantes, des guillotinades de Paris, Lyon, Bordeaux et autres villes qu'il est inutile de nommer; vous connaissez surtout les massacres de 71, à la Grande-Roquette, dans la cité Vincennes et ailleurs encore; vous connaissez tout cela et vous devez trouver bien dérisoire que la nation qui se croit l'une des plus libres du monde, se soit laissé opprimer tant de fois ! Ah ! c'est que, dans une société malade comme la nôtre, la tyrannie est ce qui pousse le plus vite; c'est que le sang est toujours ce par quoi finissent les esclaves de la luxure, de l'orgueil et de la cupidité; c'est que là où Dieu ne règne plus, règnent bien vite à sa place ces maîtres cruels ! Se croire une des nations les plus libres du monde et avoir tant de millions de ces esclaves, courber si souvent la tête sous le joug de leur tyrannie, quelle folie amère !

Comment les honnêtes gens ont-ils pu laisser trôner cette foule de tyrans et d'esclaves? Ah! c'est que les honnêtes gens eux-mêmes, chose triste à dire, ont des maîtres aussi et peut-être des légions de maîtres ! hommes d'ordre, ce personnage dont vous craignez le regard, le sourire, la plaisanterie, c'est votre maître, son ombre vous suit partout, elle commande à votre âme et à vos convictions les plus sacrées. Vous regarderiez comme une tyrannie intolérable, si un gouvernement quelconque vous faisait suivre partout par une sentinelle, qui surveillerait vos paroles et vos moindres démarches; mais cette sentinelle, vous l'avez, vous en avez peut-être mille. Cette sentinelle, elle vous suit partout, c'est une ombre qui ne vous abandonne jamais. Cette sentinelle, c'est la peur de montrer ce que vous êtes, de défendre Dieu, la patrie, la famille, enfin tout ce qui fait la vie de la Société ! Et, quand ce n'est pas la peur, c'est l'orgueil, l'égoïsme, la jalousie, et cent autres misères!..

On parle beaucoup de liberté à notre époque. Permettez-moi de vous dire qu'il y a très-peu d'âmes libres. Le mot de liberté, telle que nous la pratiquons souvent en France, est un leurre, c'est un hameçon pour prendre les dupes. La plupart des hommes sont dirigés, conduits, exploités. Les citoyens sont enrégimentés, et les votes, comme les convictions, ressemblent assez à ces wagons enchaînés les uns aux autres et traînés par la locomotive. Pauvre humanité! comme on se moque de toi! Tous les comédiens ne sont pas sur la place publique ou sur la scène; il en est d'autres plus dangereux, qui se cachent, et qui, au nom de la liberté, exercent la tyrannie la plus effroyable sur les masses; c'est l'exploitation en grand de la sottise et de la crédulité humaines! J'ai rencontré quelquefois dans ma vie des hommes libres : mais combien ils sont rares! de ces nobles et grands caractères, ne relevant que de Dieu et de leur conscience, ne portant la trace d'aucune chaîne : ils étaient simplement les enfants de la vérité. Je me disais, en les voyant : voilà l'image de la vraie liberté, de la sainte et glorieuse indépendance. Pour la plupart des autres hommes, ce ne sont que des esclaves enchaînés et qui se croient libres, parce qu'ils sont recouverts d'un manteau où le mot de liberté resplendit comme une décoration extérieure. Insensés qui ne voient pas que la vraie et première liberté n'est pas là, mais d'abord dans l'affranchissement de toute passion mauvaise, dans la conscience et l'obéissance à Dieu!

Oui, « obéir à Dieu, et c'est encore le païen *Sénèque* qui le disait, voilà la vraie liberté, *Deo parere libertas est !* » (5) Quelle grande et quelle noble parole! à notre époque, on dit au contraire : faire ce que l'on veut, obéir à ses passions, se laisser aller à toutes les intempérances de l'orgueil, de la volupté, de la haine, de la jalousie, de la convoitise, voilà la liberté! O nations civilisées de

______

(5) *De beatá vitá*, ch. 15.

l'Europe, ce n'était pas la peine de passer dix-huit siècles de christianisme, pour affirmer des doctrines qui auraient fait rougir la Sagesse des païens ! Un autre païen disait aussi : « Plus notre liberté obéit aux dieux, plus elle étend son empire ; plus elle s'éloigne de la divinité, plus elle fait de pas vers l'asservissement. » (6) Pourquoi cela? parce que plus elle s'éloigne de la divinité, plus les désirs et les passions désordonnés la réduisent au-dedans à la servitude, et parce que plus elle est réduite au-dedans à la servitude, plus les tyrans ont de prise au dehors pour l'assujettir et l'opprimer, la justice de Dieu s'exécutant ainsi par l'injustice des hommes. Et qui est-ce qui souffre le plus de cette tyrannie ? Le pauvre honnête.

« Si la République est vertueuse, disait le païen *Platon*, elle jouira d'une paix inaltérable ; si elle est corrompue, elle aura la guerre au dedans et au dehors. » Et ailleurs, dans un de ses beaux dialogues, voici le langage qu'il met sur les lèvres de *Socrate :* « Si la vertu ne règne pas dans les Etats, ils ne pourront être heureux, ni par les murailles, ni par la puissance navale, ni par le nombre des habitants, ni par le pouvoir. Il faut donc, si l'on veut faire prospérer la République, donner d'abord de la vertu aux citoyens... Ce n'est pas le pouvoir et la liberté de tout faire, qu'il faut leur procurer, mais la justice et la sagesse. » (7)

Voulez-vous une autorité moderne? elle ne sera point suspecte de catholicisme ; sa voix n'est point celle d'un réactionnaire. C'est *Franklin*, le protestant Franklin, et l'un des fondateurs de la République des Etats-Unis : « Il n'y a qu'un peuple vertueux, dit-il, qui soit capable d'être libre. » (8) Savez-vous pourquoi? C'est que la vraie liberté, entendue dans sa signification la plus haute et la plus divine, est une chose sainte, et pour la porter conve-

---

(6) *Olympiodore*, Cousin, philos. ancienne.

(7) Les *lois* et *Alcibiade.*

(8) *Correspond.* T. 2, P. 430.

nablement, il faut avoir une âme noble et vertueuse. La liberté ! ce n'est pas cette virago échevelée, que Paris a vue naguère promener sa torche incendiaire aux Tuileries et dans ses autres palais ! La liberté, c'est une femme grave et austère, esclave du bien, et n'enrôlant sous sa bannière que ceux qui veulent aussi être les nobles esclaves du devoir. La liberté entendue autrement, c'est un leurre pour les nations, quand ce n'est pas le langage hypocrite d'une tyrannie qui se prépare ; la liberté entendue autrement, c'est un appât trompeur, que l'oiseleur perfide tend aux princes de l'air, pour les enfermer ensuite sous les barreaux d'une prison confectionnée à l'avance. « Il n'y a qu'un peuple vertueux, qui soit capable d'être libre ! » La liberté, pour se développer, doit donc être greffée sur la tige de la vertu. Ce n'est ni le bavardage, ni les déclamations, ni le rire, ni le désordre, ni, à plus forte raison, le crime, qui fonderont chez nous, le règne de la liberté ! c'est la vertu ; et, si nous ne devenons pas vertueux, si la légèreté chez nous n'est pas remplacée par le sérieux de la vie, si le règne des intelligences honnêtes et désintéressées ne prend le dessus, la liberté s'en ira de nos contrées ; et, à sa place, arrivera je ne sais quel despotisme, celui du sabre ou celui de la multitude, ou bien encore tous les deux, l'un après l'autre. Et, si l'on demandait la raison de cet étrange phénomène, il serait facile de répondre : c'est que cette nation n'était pas digne de porter la liberté, car il n'y a que les peuples vertueux qui soient capables de porter la liberté. *Franklin* ajoute une parole presque effrayante : « Plus les nations deviennent corrompues et vicieuses, plus elles ont besoin de maîtres » et de maîtres absolus. (9)

La liberté vraie doit être le produit de la vertu : c'est l'épanouissement d'une fleur qui croit sur la tige et sur la racine de la vertu. Plus les peuples sont vertueux, plus ils sont capables de liberté ; moins ils sont vertueux, plus ils penchent, qu'ils le veuillent ou non, vers la tyrannie ;

(9) *Ibidem.*

plus ils marchent à grands pas vers le despotisme, despotisme du sabre, despotisme de la multitude, n'importe. Et, s'il fallait choisir, j'aimerais presque mieux le premier : car, au moins, celui-là veut l'ordre, et il a l'avantage de n'être pas hypocrite ; il vous dit : taisez-vous, et l'on se tait. L'autre arbore l'étendard de ce qu'il appelle la liberté, et, si on a le malheur de prendre ses paroles au sérieux, on est bientôt réveillé par le régime de la plus affreuse terreur. Exemples en 93 et en 71.

Oui, Messieurs, la liberté vraie doit être le produit de l'ordre et de la vertu. Voulez-vous un autre témoignage ? Un des plus célèbres philosophes de la Chine, *Confucius*, émet cette série de propositions : « Pour bien gouverner une république, il faut d'abord mettre le bon ordre dans sa famille : Pour mettre le bon ordre en sa famille, il faut le mettre en soi, il faut se corriger de ses vices, il faut donner de la droiture à son âme, perfectionner toutes ses pensées, toutes ses intentions, les rendre pures et sincères : et alors la République sera bien gouvernée, et le monde jouira de la paix... Depuis l'homme le plus élevé en dignité, jusqu'au plus humble et au plus obscur, il est un devoir égal pour tous, c'est de corriger, d'améliorer, de perfectionner sa personne : tel est la base fondamentale de toute liberté. » (10)

Pauvre France, ô nation *parlière*, comme disait *Montaigne*, combien tu es loin de la Sagesse de ce chinois et des païens que j'ai cités ! que dirais-tu du jardinier imprudent qui, renversant l'ordre de la nature, arracherait les racines pour les mettre en l'air, et ensevelirait les fleurs et les fruits dans la terre ? Tu dirais : c'est un fou ! Eh bien ! sa folie est la tienne, quand, au lieu de faire croître la liberté sur la vertu, tu veux que la liberté soit les racines et que la vertu en soit le fruit ! et encore quelle liberté demande une multitude de tes enfants ? une liberté sans Dieu et

---

(10) La grande étude.

sans âme, sans patrie et sans famille, enfin sans aucune espèce de devoirs! ô misérables fous! De même que *Platon* disait à ses concitoyens : Si la république bannit les dieux et ce qui a fait jusqu'à présent la vie de l'humanité, elle aura la guerre au dedans et au dehors et finira par être rayée du nombre des peuples; de même on peut vous affirmer, sans être prophète, que, si vos principes d'athéisme, de matérialisme et de communisme continuent à se propager, de nouvelles guerres civiles éclateront parmi nous; les puissances étrangères qui ne rêvent que le partage de la France, s'abattront de nouveau sur nous, nous détruiront au nom de l'intérêt de l'Europe et nous effaceront de dessus la carte de celle-ci!

Travaillez, Messieurs, chacun dans votre sphère, à préserver la patrie de ce malheur affreux. Il ne fallut que douze hommes pour sauver le monde païen, et vous êtes ici plusieurs centaines! Allez donc, propagez partout que Dieu, la religion et la vertu sont les bases de la liberté. Vous avez tout ce qu'il faut pour faire cette propagation : de l'intelligence, de la conduite et du cœur. On ne vient pas dans ce temple sans être un honnête homme, un ami de Dieu et de son pays. Votre présence ici me prouve que vous êtes l'élite du peuple de Grenelle. Mettez-vous donc à l'œuvre pour le salut de la Société en péril! à l'œuvre et vous aurez bien mérité de Dieu et de la patrie!

Paris, 20 Octobre 1872.

A. DUPONT.

10º RECUEIL de Devoirs Français, Latins et Grecs, pour la Classe de RHÉTORIQUE.

11º Problèmes d'ALGÈBRE avec les Solutions.

12º Recherches sur la Paroisse de SAINT-GEORGES d'AUNAY-SUR-ODON (Calvados).

13º Histoire de la Paroisse, des Seigneuries et de la commune de GIMOUILLE, à la jonction de la Loire et de l'Allier (Nièvre).

14º Étude sur le VERBE GREC et autres questions de Pédagogie.

15º Autres DISCOURS aux Ouvriers de Paris.

Paris-Vaugirard, imprimerie Alphonse Aubry, rue Gerbert, 10.

www.ingramcontent.com/pod-product-compliance
Lightning Source LLC
Chambersburg PA
CBHW051432060726
47596CB00006B/2467